Dinosaurios

3d

LIBSA

El mundo de los dinosaurios

Ni los abuelos de tus abuelos son tan viejos como para que te hagas a la idea de en qué época vivieron los dinosaurios: hace unos ¡160 millones de años!, durante la era Mesozoica de la Tierra, entre los periodos Triásico, Jurásico y Cretácico; es decir, durante unos 180 millones de años, estos animales poblaron la Tierra y después desaparecieron de un modo misterioso. Este libro hace un recorrido por los dinosaurios más espectaculares, ordenados cronológicamente de los más primitivos hasta los más cercanos a nuestros días. A continuación te mostramos una tabla explicativa de sus eras:

TRIÁSICO Aparición de los primeros dinosaurios	Temprano	248 a 227 mlla *	
	Tardío	226 a 206 mlla	
JURÁSICO Época de esplendor y desarrollo de las especies	Temprano	205 a 180 mlla	
	Medio	179 a 154 mlla	
	Tardío	153 a 144 mlla	
CRETÁCICO Extinción de los dinosaurios	Temprano	143 a 127 mlla	
	Medio	126 a 89 mlla	
	Tardío	88 a 65 mlla	

*mlla = millones de años

Nadie ha tenido la oportunidad de ver a un dinosaurio vivo (el primer homínido no apareció hasta hace unos dos millones de años) y todo lo que sabemos de ellos es a través de los restos fósiles encontrados en los yacimientos. A partir de estos se han creado maquetas que reproducen las dimensiones perfectas de esqueletos de dinosaurios.

Reproducción de un esqueleto de **Tiranosaurio Rex**

Seguro que tienes la imagen de un dinosaurio como un animal gigantesco y terrorífico, una especie de reptil con garras y dientes enormes... Bueno, no es toda la verdad, pero muchas veces tampoco está tan alejada de la realidad... Hubo dinosaurios grandes y pequeños, herbívoros y carnívoros, pero casi todos compartían estas dos características: eran ovíparos (se reproducían por huevos) y eran vertebrados (tenían huesos).

A continuación te presentamos todo un catálogo de criaturas increíbles, así que sigue leyendo y podrás hacer un gran viaje en el tiempo ¡y convertirte en todo un paleontólogo!

Ictiosaurios

Especie acuática veterana

De todas las especies de ictiosaurios el **shonisaurus** fue el más grande: ¡hasta **15 m** de largo!

Comían **peces** y **moluscos**, pero su manjar preferido era un cefalópodo primitivo, parecido a nuestros calamares, que se llamaba belemnites.

Aerodinámicos

Para que nada entorpeciera su capacidad de desplazamiento en el agua, los ictiosaurios tenían la piel lisa y una cola fuerte para impulsarse. Además, poseían una aleta caudal y otra dorsal que les estabilizaba y les ayudaba a elegir la dirección y unas patas con forma también de aleta que movían como las tortugas.

Podían nadar a una velocidad de
¡40 km/h!

Ficha técnica

Nombre científico	*Ichtyosauria*
Significado	«Lagarto pez»
Periodo	Del Triásico al Cretácico
Época	Hace entre 240 y 90 millones de años
Localización	América, Europa y Asia
Alimentación	Carnívoro
Medidas	Muy variadas, según la especie: desde 1 m hasta 15 m.

Si hubiera un premio al dinosaurio más **longevo**, sería para la especie de los ictiosaurios, de distinta apariencia entre ellos y que dominaron las aguas desde el Triásico tardío, alcanzaron la plenitud en el Jurásico y no se extinguieron hasta finales del Cretácico, siendo ejemplares habituales de los océanos, durante unos... **¡150 millones de años!**

Aunque vivían en el agua, necesitaban respirar aire, como los **reptiles**, así que asomaban las fosas nasales por encima del agua, ¡al modo de los **hipopótamos**!

Curiosidades

¿Como un pez?

A pesar de su nombre y aunque vivían en las profundidades del mar, su parecido con los peces era más bien pequeño. No se reproducían por huevos, sino que eran vivíparos.

Ficha técnica

Nombre científico	*Pterosauria*
Significado	«Lagarto alado»
Periodo	Del Triásico al Cretácico
Época	Hace entre 230 y 65 millones de años
Localización	Todo el mundo
Alimentación	Carnívoro
Medidas	Según la especie: el Quetzalcoatlus medía 15 m de envergadura alar

Los pterosaurios no eran dinosaurios, pero como convivieron con ellos millones de años, los incluimos por ser contemporáneos. Se trata del **primer vertebrado** de la historia que voló.

Aunque tenía un aspecto muy variable según su especie, sí tuvieron características similares, como la adaptación de las **alas** para el vuelo o un **cerebro** mucho más grande que el que solían tener los dinosaurios.

Curiosidades

Originales murciélagos

Las alas del pterosaurio eran una membrana de piel que salía a partir de un cuarto dedo mucho más largo de lo normal. Desde allí, se extendía por los laterales del cuerpo hasta las patas traseras. Si te fijas bien, es una fisonomía parecida a las alas de los actuales murciélagos.

Los había tan pequeños como un **pajarillo** y ¡tan grandes como un **camión**!

Pico dentado

Aunque algunos pterosaurios no tenían dientes, en general solían presentar una larga hilera afilada como si fueran agujas. La cabeza terminaba en una especie de pico y algunos de ellos tenían también cresta, como ocurre hoy con el gallo y otras aves.

No solo se alimentaban de **insectos enormes**, sino que eran capaces de pescar en pleno vuelo rasante, como las gaviotas de hoy en día.

Pterosaurios

Reptil volador

Eran capaces de volar a una velocidad de hasta **120 km/h,** ¡como un **coche!**

Técnica de vuelo

Se cree que los pterosaurios no volaban, sino que más bien planeaban extendiendo las alas y dejándose llevar por las corrientes de aire. Uno de los misterios de este animal es cómo podía despegar... ¿Esperarían una fuerte corriente? ¿Sabrían saltar e impulsarse?

No tenían **plumas**, pero sí una cobertura similar al **pelo fino** por el cuerpo.

Los **huesos** eran *huecos* para que pesaran menos y así poder especializarse en *vuelo* sin motor.

Celofisis

Ágil corredor

Comparación de tamaño

1 m

1,80 m

3 m

Su **cola timón** era **semirrígida** y solo podía moverla hacia arriba o hacia abajo.

Su nombre significa **«forma hueca»** porque tenía grandes agujeros o huecos en los huesos de la cabeza para ser aún más **ligero**.

¿Cuatro dedos?

Era uno de los pocos dinosaurios que tenía cuatro dedos y no tres, aunque uno de ellos estaba atrofiado y no lo usaba para nada.

Nombre científico	*Coelophysis*
Significado	«Forma hueca»
Periodo	Triásico
Época	Hace unos 200 millones de años
Localización	Norteamérica
Alimentación	Carnívoro
Medidas	1 m de altura y 2-3 m de longitud, con un peso de 28 kg

Armas de ataque

Con su largo cuello flexible, como un muelle, podía girar muy deprisa y atrapar a sus presas con su alargado hocico lleno de dientes afilados, aserrados y curvados.

El **cráneo fosilizado** de un celofisis viajó en el transbordador espacial *Endeavour* en 1998, convirtiéndose en el primer **dinosaurio astronauta** de la historia.

Delgado y esbelto como ninguno, el celofisis era un dinosaurio hecho para correr a **gran velocidad**. Un cazador tremendamente ágil que perseguía lagartos y otros animales pequeños... y que incluso puede ser que cazara en **manada**.

Se cree que era inteligente y **gregario**, es decir, que se aliaba con otros de su especie para cazar animales más grandes en grupo. ¡Un auténtico **cazador estratega**!

Curiosidades

Extraño cementerio

Se han encontrado hasta 100 esqueletos fósiles de celofisis en un mismo yacimiento, lo que ha hecho sospechar que murieron todos a la vez por alguna catástrofe, por ejemplo, una inundación.

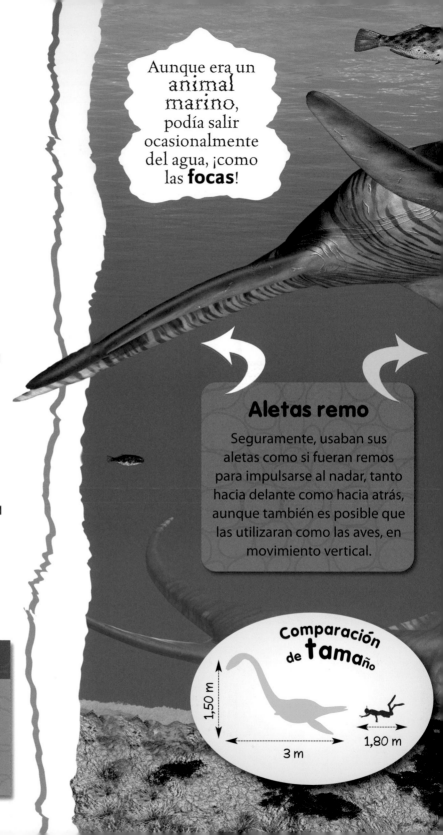

Ficha técnica

Nombre científico	*Plesiosaurus*
Significado	«Parecido a un lagarto»
Periodo	Del Triásico al Cretácico
Época	Hace entre 200 y 150 millones de años
Localización	Restos en Inglaterra
Alimentación	Carnívoro
Medidas	1,5 m de altura y 3-5 m de longitud, con un peso de 1 t

El plesiosaurio era un **enorme reptil** marino que poblaba los mares y océanos del Jurásico. Su apariencia era similar a ver nadar una gigantesca **tortuga** sin caparazón y con aletas en lugar de patas.

Tenía la cabeza pequeña y el cuello largo; el cuerpo en cambio era con forma ancha y tanto las **aletas** como la **cola** eran aplanadas. Su dentadura no era terrorífica, sino más bien hileras de dientes con forma de **agujas** un poco curvadas.

Curiosidades

¿Vivíparos?

Es sorprendente, pero se cree que este es uno de los poquísimos dinosaurios que no se reproducían por huevos, sino que la hembra paría una cría cada vez.

Aunque era un **animal marino**, podía salir ocasionalmente del agua, ¡como las **focas**!

Aletas remo

Seguramente, usaban sus aletas como si fueran remos para impulsarse al nadar, tanto hacia delante como hacia atrás, aunque también es posible que las utilizaran como las aves, en movimiento vertical.

Comparación de tamaño

1,50 m

3 m

1,80 m

Plesiosaurio

Un submarino prehistórico

También se le conoce con el nombre de **elasmosaurio**.

Dientes trampa

Sus dientes actuaban como una trampa para los peces: al morder con aquellas agujas curvadas, quedaban atrapados y ya no podían escapar. Su menú favorito eran las sepias, pulpos y calamares, pero también peces, ¡e incluso otros plesiosaurios más pequeños!

Estegosaurio

Armado con coraza

Placas «inteligentes»

Las placas eran su sistema de termorregulación, es decir, gestionaban su temperatura corporal. Se cree también que podían cambiar de color para amenazar a sus enemigos.

Un ser muy pacífico...

Tenía un aspecto muy feroz, tratando de asustar a todo el mundo con sus espinas o placas, pero en realidad era un animal pacífico que solo usaba su extraña coraza con fines defensivos. El resto del tiempo lo pasaba comiendo y hasta era capaz de izarse sobre sus patas traseras para alcanzar las plantas más altas.

Comparación de **tamaño**

4 m

1,80 m

9 m

Los **bebés** estegosaurios no tenían *pinchos* ni placas, sino que les salían según iban creciendo.

Se movía a una *minivelocidad* de **10 km/h**.

Ficha técnica

Nombre científico	*Stegosaurus*
Significado	«Lagarto con tejado»
Periodo	Jurásico y Cretácico
Época	Hace entre 176 y 100 millones de años
Localización	Norteamérica y Europa
Alimentación	Herbívoro
Medidas	4 m de altura y 9 m de longitud, con un peso de unas 3 t

Quizá tiene el perfil más fácil de reconocer de todo el catálogo de dinosaurios que hayan existido por su gran **cresta doble de placas** con forma de teja que le recorrían el lomo.

El cuerpo de este herbívoro de tamaño mediano (para ser un dinosaurio) estaba **arqueado** y tenía cuatro **patas cortas** y terminadas en **grandes pezuñas**. Por su postura, llevaba la cabeza siempre muy cerca del suelo y poseía una cola larga que llevaba suspendida en el aire.

Curiosidades

¡Un cerebro como una nuez!

Pesando 3 t, debería haber tenido una cabeza y un cerebro algo más grande: ¡su cerebro solo pesaba unos 60 gr! ¡Y su cabeza solo medía unos 40 cm! No debía de ser muy listo...

Ficha técnica

Nombre científico	*Brachiosaurus*
Significado	«Lagarto con brazos»
Periodo	Jurásico
Época	Hace entre 150 y 140 millones de años
Localización	Norteamérica
Alimentación	Herbívoro
Medidas	10 m de altura y 21 m de longitud, con un peso de unas 25 t

El braquiosaurio es uno de los animales más **grandes** que hayan existido. Su masa corporal fue durante mucho tiempo el **récord mundial** de tamaño animal, por lo que no necesitaba protección. Tenía una garra en el **dedo pulgar** que usaba para excavar agujeros en el suelo en los que poder depositar sus huevos.

Además de la longitud de su cuello, una de sus características diferenciales son sus relativamente **largas patas delanteras** (de ahí su nombre).

Curiosidades

Las huellas hablan

Por las huellas que se han encontrado, se cree que las crías de braquiosaurio caminaban en el medio de la manada, para quedar protegidas por los adultos y que los depredadores no pudieran alcanzarlas.

Comparación de tamaño

10 m

1,80 m

21 m

Vértebras huecas

Para poder mover la inmensa mole que era este dinosaurio, la naturaleza le dotó de unas vértebras huecas que le aligeraban un poco el peso total.

Su **inmenso cuello** le permitía alcanzar toda la comida posible en **150 m²** ¡sin moverse del sitio!

El **corazón** del braquiosaurio pesaba unos ¡200 kg! y bombeaba *1.200 litros* de sangre.

Braquiosaurio
Laaaaargo cuello

Curiosos orificios

Tenía una nariz muy grande con unos orificios que se encontraban en la parte de arriba de su cabeza. Esto ha llevado a muchos científicos a pensar que tenían un excelente sentido del olfato. Sus dientes eran planos y delgados.

Se cree que una técnica de **alimentación** era la de echar abajo los *árboles* directamente usando su gran envergadura física.

Diplodocus

El herbívoro más famoso

Al principio se creyó que el diplodocus tenía trompa, como los *elefantes*.

Comparación de tamaño

4 m

1,80 m

25 m

¡Armados con látigo!

La verdadera defensa del diplodocus, además de su gran tamaño, era su larga cola terminada en punta, que podía sacudir como un látigo. Su velocidad y fuerza con esta arma singular era tal, ¡que podía matar a un gran depredador con un solo golpe!

Su esqueleto

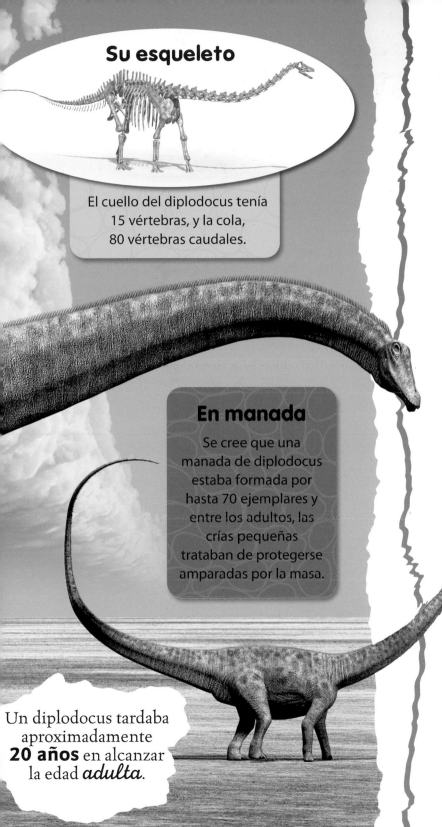

El cuello del diplodocus tenía 15 vértebras, y la cola, 80 vértebras caudales.

En manada

Se cree que una manada de diplodocus estaba formada por hasta 70 ejemplares y entre los adultos, las crías pequeñas trataban de protegerse amparadas por la masa.

Un diplodocus tardaba aproximadamente **20 años** en alcanzar la edad *adulta*.

Ficha técnica

Nombre científico	*Diplodocus*
Significado	«Doble viga»
Periodo	Jurásico
Época	Hace entre 150 y 140 millones de años
Localización	Norteamérica
Alimentación	Herbívoro
Medidas	3-5 m de altura y 22-40 m de longitud, con un peso de unas 20 t

Tenía 8 m de cuello y 14 m de cola, una **cabeza enana**, un cuerpo de barril y patas similares a las de un elefante. Pero no todo en él era grande. Por ejemplo, sus **dientes**, diseñados para roer plantas y cortezas, podían llegar a medir 3 cm, ¡nada comparado con los 18 cm de un tiranosaurio!

Sus patas, cortas, pero muy gruesas y **resistentes**, le permitían incluso ponerse de pie. En cada una de ellas tenía una **garra** para hacer agujeros y cortar plantas.

Curiosidades

Digestión pesada

El diplodocus apenas masticaba, tragaba las plantas enteras y para facilitar la digestión, ingería también piedras (llamadas gastrolitos) que ayudaban a triturar la comida directamente en el estómago.

Ficha técnica

Nombre científico	*Allosaurus*
Significado	«Lagarto extraño»
Periodo	Jurásico
Época	Hace unos 150 millones de años
Localización	Norteamérica y Europa
Alimentación	Carnívoro
Medidas	3 m de altura y 9 m de longitud, con un peso de 4 t

El alosaurio era un cazador terrorífico y enorme que presentaba las clásicas características del dinosaurio depredador: **gran cabeza**, **patas traseras poderosas** y **larga cola**. Las poblaciones de iguanodontes, apatosaurios y hasta diplodocus vivían **amenazadas** por este fiero cazador, que ¡incluso atacaba a las crías!

Podía alcanzar casi los 40 km/h de velocidad punta en **carrera**, pero lo más sorprendente era que podía mantener una velocidad constante de unos **8 km/h**, lo que para su enorme tamaño y peso es todo un **récord**.

Curiosidades

El terror de los herbívoros

Su método de caza preferido era preparar una emboscada a sus víctimas. Se quedaba agazapado y, por sorpresa, retenía a la presa con las patas y después las mordía.

¡Una cara sanguinaria!

Solo la cabeza podía medir casi un metro y sus inmensas mandíbulas albergaban unos 60 dientes aserrados y curvados para no dejar escapar a la presa. Un rasgo distintivo y curioso del alosaurio es que tenía unas protuberancias óseas encima de los ojos.

Alosaurio

Terrible cazador

Big Al

En 1991 se descubrió el esqueleto más completo de alosaurio que jamás se había visto. Con un 95% de los huesos, permitió estudiar en profundidad este dinosaurio y al ejemplar se le llamó cariñosamente Big Al (Gran Al, diminutivo de Alosaurio), porque medía... ¡10 m de largo!

Las **patas traseras** soportaban su *peso* en la carrera.

Las **patas delanteras** eran pequeñas y tenían tres dedos con garras como las de las *águilas*.

Comparación de **tamaño**

3 m

1,80 m

9 m

19

Apatosaurio

Un coloso pacífico

Comparación de **tamaño**

4 m

1,80 m

25 m

Se cree que **dormía de pie**, porque con un tamaño tan enorme, ¡le hubiera resultado muy difícil levantarse del suelo!

¡Como una bomba!

Al golpear su cola de látigo contra el suelo producía un sonido similar al de una bomba, algo que sin duda asustaba a aquellos depredadores que estuvieran pensando en darle caza.

Su cuello era **largo** y **fuerte** y le ayudaba a alcanzar la vegetación más alejada.

Patas de elefante

Las patas del apatosaurio pueden compararse a las del elefante, pero mucho más grandes. También tenían forma de columna y sus pies eran muy anchos, porque es la única manera de sostener tanto peso. En los dedos pulgares tenía una garra para poder enterrar sus huevos.

Nombre científico	*Apatosaurus*
Significado	«Lagarto engañoso»
Periodo	Cretácico
Época	Hace unos 150 millones de años
Localización	Norteamérica
Alimentación	Herbívoro
Medidas	4 m de altura y 25 m de longitud, con un peso de 30 t

También llamado **brontosaurio**, este gigantesco animal solo contaba con dos armas ante los grandes depredadores: su **enorme tamaño** y una cola como un **látigo**. Es uno de los dinosaurios más famosos por su aparición en la película de **King Kong** en 1933.

Su cabeza era muy pequeña y su **cerebro** ocupaba aproximadamente el **0,001%** de su peso total (¡un cerebro de mosquito!). Sus **fosas nasales** muy altas indican que también comía plantas acuáticas.

Curiosidades

Nunca en solitario

El apatosaurio era muy sociable y vivía en grupos. Una gran familia se desplazaba lentamente, todos juntos, pastando. Los ejemplares más ancianos o experimentados vigilaban y ayudaban a los más jóvenes a defenderse de los grandes carnívoros.

Ficha técnica

Nombre científico	*Compsognathus*
Significado	«Mandíbula elegante»
Periodo	Jurásico
Época	Hace 150 millones de años
Localización	Europa
Alimentación	Carnívoro
Medidas	60 cm de altura, 1 m de longitud y unos 3 kg de peso

No pesaba más que un **pollo**, pero era como un gran **depredador**. Al principio se pensó que no era un dinosaurio de pequeño tamaño, sino un ejemplar joven de una especie mayor.

Todo un **atleta**, podía correr y cambiar de dirección a gran velocidad, usar su **flexible cuello** para atrapar insectos voladores o lagartos y huir de los grandes carnívoros. Poseía unas patas traseras largas y ágiles y una cola que le permitía mantener el **equilibrio**.

Curiosidades

Pariente de las aves

Tanto el compsognato como el deinonico y el ovirráptor se han considerado los bisabuelos de las aves actuales. Aunque no hay evidencias en los restos, se cree que este dinosaurio enano tenía plumas.

Comparación de tamaño

1,80 m

0,60 m

1 m

¡Una mandíbula terrorífica!

Definitivamente, no era cierto que su mandíbula fuera elegante ni bonita, poseía 68 dientes tan puntiagudos y eficaces como pequeños. Eran curvados y cortaban como cuchillas, pero además su mandíbula era tan fuerte, que podía partir los caparazones de los animales prehistóricos parecidos a los caracoles.

Sus huevos solo medían **10 mm** de diámetro, ¡como la cabeza de un tornillo!

Compsognato

El pequeñín

Sus **manos delanteras** eran cortas, pequeñas y solo tenían **tres dedos** con garras, ¡ninguna ayuda para cazar!

Un cráneo muuuuy ligero

El cráneo del compsognato estaba lleno de agujeros para aligerar más su peso y permitirle moverse con más velocidad. También tenía unos ojos enormes y se presupone que muy buena vista.

Sauropelta

Un armadillo gigante

Un mosaico

Su lomo era como un mosaico de placas duras, protuberancias y gruesas arrugas, desde el cuello hasta el final de la cola.

¡Una cola descomunal!

La mitad de su longitud total estaba formada en exclusiva por su cola, que usaba para defenderse. Se cree que tenía unas 50 vértebras caudales.

Los abanicos de **púas** de su **cuello** y de los costados evitaban que pudieran morderle.

Tenía un **hocico estrecho** con dientes diseñados para triturar la vegetación. Se alimentaba básicamente de **coníferas**.

Comparación de **tamaño**

2 m

1,80 m

6 m

Nombre científico	*Sauropelta*
Significado	«Lagarto escudo»
Periodo	Cretácico
Época	Hace entre 110 y 99 millones de años
Localización	Norteamérica
Alimentación	Herbívoro
Medidas	2 m de altura y 6 m de longitud, con un peso de unas 5 t

Armado con una durísima coraza reforzada con largas y poderosas **espinas**, este dinosaurio era como una fortaleza inexpugnable, excepto si se quedaba boca arriba, ya que no tenía protegida la barriga, que era su **punto débil**.

Era bastante **listo** y había desarrollado un sistema para evitar que los **depredadores** pudieran darle la vuelta: si se veía en peligro, se dejaba caer y anclaba con fuerza sus patas en el suelo.

Curiosidades

¡Un torpe corredor!

Con su armadura, realmente era un corredor muy lento, pero tampoco necesitaba la velocidad para protegerse. No tenía necesidad de huir, ya que del mismo modo que ocurre con las tortugas hoy día, le bastaba con quedarse quieto protegido por su dureza exterior.

Ficha técnica

Nombre científico	*Deinonychus*
Significado	«Garra terrible»
Periodo	Cretácico
Época	Hace entre 120 y 95 millones de años
Localización	Norteamérica
Alimentación	Carnívoro
Medidas	1,3 m de altura y 2 m de longitud, con un peso de 30 kg

Muy parecido en su morfología y su comportamiento al **velocirráptor**, este depredador de tamaño mediano también era un excelente y ágil **corredor**.

El deinonico poseía un **gran cráneo** y un cerebro bastante dotado, capaz incluso de aliarse con otros de su especie para dar caza a herbívoros más grandes que él. Su velocidad de hasta **40 km/h**, sus estrategias de caza y el arma secreta que veremos a continuación lo convirtieron en un **asesino implacable**.

Curiosidades

Primos hermanos

Tremendamente parecido al velocirráptor, su principal diferencia era su tamaño: el deinonico era más grande, poseía su increíble garra y le llevaba bastante ventaja al velocirráptor en los sentidos de la vista (tenía unos ojos muy grandes), el oído y el olfato.

Al igual que los modernos aparatos del ejército, el deinonico tenía **visión nocturna**.

Arma blanca

El deinonico iba armado con una garra en el tercer dedo del pie, con forma de hoz, que tenía la propiedad de ser retráctil. Es decir, se plegaba o retraía cuando corría, pero se convertía en un cuchillo letal cuando cazaba... Algo así como el mecanismo de una navaja, ¡pero dentro de su propio cuerpo!

Comparación de **tamaño**

1,30 m

1,80 m

2 m

Saltador de élite

La técnica de caza más habitual para el deinonico era la de saltar sobre la presa por sorpresa y con gran agilidad y morderla en el cuello. Si atacaban en grupo lo hacían de manera organizada y no permitían que su presa escapara.

La **cola**, totalmente rígida, podía ser utilizada como maza para **golpear** durante la caza si lo necesitaba.

Espinosaurio

Con joroba

La **vela** o **joroba** podía lucir diferentes colores para atraer a las **hembras** con más eficacia.

Comparación de tamaño

5 m

1,80 m

17 m

Su seña de identidad

Sus espinas en el lomo, que no eran otra cosa que extensiones de espinas vertebrales que habían crecido hacia arriba, alcanzaban hasta casi los 2 m de altura en la parte frontal y formaban una especie de vela o joroba conectada con la piel.

Sus **patas delanteras** eran muy similares a las del Tiranosaurio Rex, ¡pequeñas en proporción a su cuerpo!

Ficha técnica		
Nombre científico		*Spinosaurus*
Significado		«Lagarto con espina»
Periodo		Cretácico
Época		Hace entre 110 y 95 millones de años
Localización		África
Alimentación		Carnívoro
Medidas		5 m de altura, de 16 a 18 m de longitud y entre 7 y 9 t de peso

Un cocodrilo gigante

Con un cráneo muy similar al de los actuales cocodrilos, el espinosaurio tenía los dientes diseñados para atrapar presas escurridizas, como los peces.

Existe una teoría según la que el espinosaurio tal vez era **buen nadador** y usaba la joroba como aleta.

Poseía una inmensa cabeza, unas dimensiones corporales enormes, con patas traseras fuertes y delanteras pequeñas, una cola de contrapeso y, sobre todo, destacaba un gran **arco de espinas** en la parte superior del lomo que los paleontólogos piensan que pudo servir como sistema de termorregulación corporal o para parecer más peligrosos ante otros machos.

¡Se cree que fue uno de los carnívoros **más grandes** que haya poblado la Tierra!

Curiosidades

Un buen pescador

A pesar de su agresiva apariencia, se cree que este masivo dinosaurio se alimentaba casi en exclusiva de peces. Ocasionalmente, es posible que atrapara algún reptil volador como el pterosaurio.

Ficha técnica

Nombre científico	*Iguanodon*
Significado	«Diente de iguana»
Periodo	Cretácico
Época	Hace entre 126 y 125 millones de años
Localización	Europa
Alimentación	Herbívoro
Medidas	3 m de altura y 8 m de longitud, con un peso de unas 4 t

Más o menos como un **elefante** de grande, este dinosaurio tenía **100 dientes** y se desplazaba a **cuatro patas**, aunque era capaz de correr a dos equilibrándose con la cola para huir de algún depredador, ya que su velocidad era de hasta **35 km/h**.

No poseía grandes armas con las que defenderse; solo tenía un **pico** para atrapar plantas, por lo que en cierto modo estaba **indefenso**.

Curiosidades

¡Qué glotón!

Por su tamaño, el iguanodonte tenía que comer mucha cantidad de plantas, así que puede decirse que pasaba el día entero buscando comida, masticando y tragando. Parece ser que tenía una lengua parecida a la de las jirafas actuales: muy larga, y capacitada para arrancar plantas y prensarlas.

¿Un cuerno?

Cuando descubrieron los primeros restos de iguanodonte, la garra estaba desprendida y y los paleontólogos creyeron que se trataba de un cuerno. ¡Se creía que era algo así como un rinoceronte gigantesco!

La gran garra

Su gran defensa fue un pulgar con una garra de forma cónica que se cree que pudo usar como arma, aunque es más probable que le sirviera para abrir las semillas y las frutas de las que se alimentaba.

Iguanodonte

Un herbívoro con garra

¿Sabías que existe un **asteroide** que lleva el nombre de Iguanodon?

¡Gracias al color de su piel se **camuflaba** con el entorno!

El mayor yacimiento de iguanodontes fue la mina de Bernissart, en Bélgica, donde se hallaron 39 **esqueletos fósiles** completos de este dinosaurio.

Comparación de **tamaño**

3 m

1,80 m

8 m

Parasaurolofo

El dinosaurio más sonoro

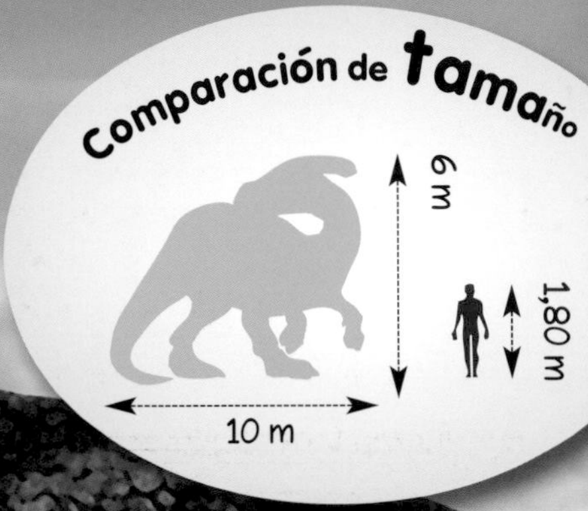

Comparación de **tamaño**

6 m

1,80 m

10 m

Muy comunicativo

Los sonidos que emitía por la cresta tubular eran seguramente muy útiles para facilitar la comunicación entre los padres y sus crías, pero también para avisar de algún posible peligro a la manada y, por supuesto, para impresionar a la novia que hubiera elegido. ¡El sonido que emitía era parecido al de un trombón!

Tenía la piel cubierta de **escamas**.

¡Podía caminar tanto a **cuatro patas** como a **dos**!

Si te ha parecido raro el nombre, espera a ver su aspecto: destacaba su perfil con una impresionante **cresta** echada hacia atrás, curvada y redondeada, como un tubo, que usaba para emitir **sonidos** y para mantener la **temperatura** de su cuerpo.

¡Incluso se ha conjeturado con que usara la cresta a modo de **tubo de buceo** para respirar mientras nadaba! ¡Como los submarinistas!

Su boca se asemejaba al **pico** de un **pato** actual, era achatado y tenía **dientes** especializados en triturar vegetales.

Curiosidades

Buen nadador

Se cree que nadaba bastante bien y se zambullía para librarse de los depredadores que le perseguían y no sabían nadar. Su cola actuaba como una aleta moviéndose de un lado a otro y se ayudaba de las patas planas para avanzar como si fueran remos.

Ficha técnica

Nombre científico	*Gallimimus*
Significado	«Imitador de la gallina»
Periodo	Cretácico
Época	Hace entre 80 y 60 millones de años
Localización	Asia
Alimentación	Omnívoro
Medidas	3 m de altura, 6 m de longitud y unos 600 kg de peso

Imaginemos a un **avestruz gigante**, con un cuello largo, un pico fuerte y sin dientes, largas patas traseras de corredor y una cola larga para mantener el equilibrio... Así vivía el gallimimo, correteando en busca de comida y siempre alerta para evitar a los depredadores.

Sus característicos **ojos grandes,** colocados a los lados de la cara, sugieren que tenía una buena visión **binocular**.

Curiosidades

¿Con plumas?

Es toda una incógnita saber si el gallimimo tenía o no plumas. Es posible que sus patas delanteras estuvieran adornadas con algún penacho, pero es solo una suposición sin base científica.

El tamaño de su cerebro, bastante grande, hace pensar que se trataba de un dinosaurio **astuto**.

Dieta variada

El gallimimo era todo un superviviente: podía comer insectos o pequeños reptiles, pero también frutas, plantas o semillas y huevos. Su pico era útil para romper cortezas o cáscaras y como habitaba en parajes desérticos, nunca despreciaba algo para comer.

Comparación de **tamaño**

3 m

1,80 m

6 m

Gallimimo

Aunque no tenía **dientes**, se cree que poseía un sistema de filtrado en el pico para atrapar pequeños reptiles acuáticos, algo parecido a lo que hacen los actuales flamencos.

Manitas pequeñas

Llaman la atención sus patas delanteras, demasiado pequeñas en comparación con las traseras y el resto del cuerpo. Aunque pequeños, tenía tres dedos rematados por garras y se cree que pudo usarlas para desenterrar huevos, ¡uno de sus platos favoritos!

Corría dando **grandes zancadas** y ¡era difícil seguirle!

¡Alcanzaba los **70 km/h**!

Protocerátopo

Animal doméstico de la Prehistoria

Tenía una apariencia **fiera** y maciza, pero era un animal **pacífico**.

Una placa para presumir

Usaba su placa del cuello para atraer a las hembras, ya que le hacía parecer más grande y más fuerte.

Cabezota

A pesar de ser pequeño, su enorme cabeza, totalmente desproporcionada, le daba un aspecto temible. Tenía un pico muy fuerte y buena dentadura para masticar las duras plantas de las que se alimentaba.

Ficha técnica		
Nombre científico	*Protoceratops*	
Significado	«Primer rostro cornudo»	
Periodo	Cretácico	
Época	Hace unos 75 millones de años	
Localización	Asia	
Alimentación	Herbívoro	
Medidas	60 cm de altura y 2 m de longitud, con un peso de unos 60 kg	

No todos los dinosaurios eran grandes. El protocerátopo, por ejemplo, era más o menos del tamaño de un **perro** o de una **oveja**, pero sí presentaba un aspecto bastante raro: compacto y con la cabeza adornada con una **placa ósea** destacable. Se cree que las hembras compartían nidos para defender a sus **crías**.

Este pequeño dinosaurio era **vegetariano** y su **gran coraza** solo tenía una función defensiva, para evitar que le mordieran los grandes depredadores.

Por los restos se sabe que vivían en **manadas**, ya que no se ha hallado ningún ejemplar solo.

Curiosidades

Gran gourmet

El protocerátopo tenía debilidad por las plantas más fibrosas, así que frecuentemente se le caía algún diente o se le desgastaban demasiado. Por suerte, podía sustituir las piezas por otras sin ningún problema.

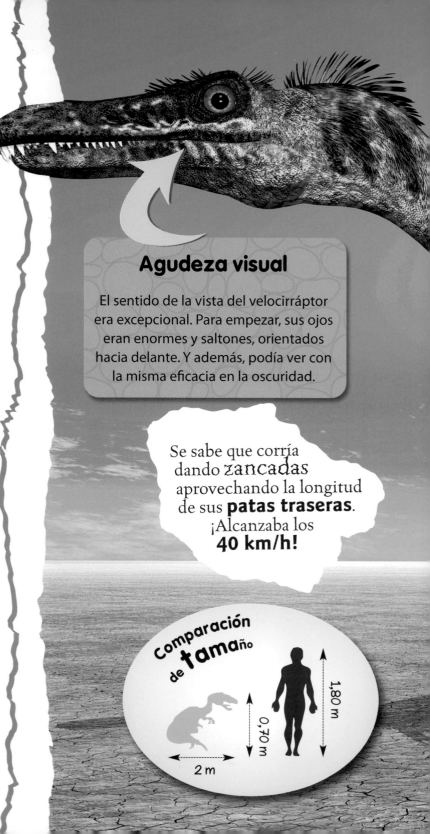

Ficha técnica

Nombre científico	*Velociraptor*
Significado	«Ladrón veloz»
Periodo	Cretácico
Época	Hace entre 75 y 71 millones de años
Localización	Mongolia y China
Alimentación	Carnívoro
Medidas	Unos 70 cm de altura y menos de 2 m de longitud y unos 22 kg

No era ni con mucho el más grande, pero su **velocidad atlética** y su gran **inteligencia** lo convirtieron en un temible depredador que ha alcanzado fama mundial por su aparición en novelas y **películas**.

Pesaba como un niño no mayor de seis o siete años y era pequeño de estatura, por lo que su carrera era más rápida y su **habilidad** en los movimientos le daba ventaja ante casi cualquier presa.

Curiosidades

Emplumado

Tenía los brazos, el cuello y el final de la cola cubiertos de plumas. El plumero de la cola era solo para presumir y atraer a las hembras, mientras que el resto de plumas, le daban calor. No se conoce el colorido de las plumas... ¿Sería como un papagayo?

Agudeza visual

El sentido de la vista del velocirráptor era excepcional. Para empezar, sus ojos eran enormes y saltones, orientados hacia delante. Y además, podía ver con la misma eficacia en la oscuridad.

Se sabe que corría dando zancadas aprovechando la longitud de sus **patas traseras**. ¡Alcanzaba los **40 km/h!**

Comparación de tamaño

1,80 m

0,70 m

2 m

Velocirráptor

Dinosaurio atleta

Aunque tenía **plumas** y en muchos rasgos se considera un antepasado de las **aves**... ¡nunca aprendió a **volar**!

Tenía **80 dientes** muuuuy afilados.

¡Una garra como un cuchillo!

Sacaba la garra retráctil del pie para atacar o la escondía si le molestaba al correr y era de grandes dimensiones respecto al resto: ¡9 cm de longitud!

Carnotauro

El dinosaurio toro

40

Los cuernos

No se sabe cuál era la función de los cuernos, ya que eran más bien débiles y no servían como arma defensiva eficaz. Es posible que fuera un simple rasgo distintivo de reconocimiento entre los de su especie.

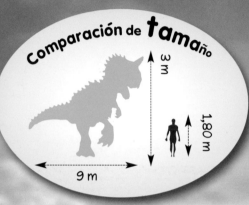

Comparación de tamaño

3 m

1,80 m

9 m

A pesar de su corpulencia, era un gran corredor: ¡alcanzaba hasta **50 km/h**!

¡Es el único carnívoro **bípedo** que tenía cuernos!

El animal con la **piel** más parecida a la del carnotauro hoy día es el cocodrilo.

Nombre científico	*Carnotaurus*
Significado	«Toro carnívoro»
Periodo	Cretácico
Época	Hace unos 70 millones de años
Localización	Sudamérica
Alimentación	Carnívoro
Medidas	3 m de altura y 9 m de longitud, con un peso de unas 2 t

De físico poderoso y espectacular, la carta de presentación de este gran carnívoro eran los **dos cuernos** que tanto recordaron a sus descubridores al perfil de un **toro**, y de ahí su nombre.

El carnotauro poseía otros muchos rasgos terribles: su lomo cubierto con una hilera en forma de **cresta transversal** de espinas y una increíble **mandíbula** con una articulación especial ¡que le permitía tragarse casi enteros a los animales más grandes!

Manos atrofiadas

Sus patas traseras eran largas y fuertes, adaptadas a la carrera, pero las delanteras eran débiles y cortas. Tenía cuatro dedos, aunque uno de ellos era prácticamente un espolón inservible.

Curiosidades

Piel impresa

Se ha encontrado un fósil de la impresión de la piel de un carnotauro y gracias a él, se sabe que no tenía plumas y sí pequeñas placas óseas que seguramente le protegían de los ataques de otros carnívoros más grandes que él.

Nombre científico	*Mosasaurus*
Significado	«Reptil del río Mosa»
Periodo	Cretácico
Época	Hace unos 70 millones de años
Localización	Norteamérica y Europa
Alimentación	Carnívoro
Medidas	1,5 m de altura y 11 m de longitud, con un peso de unas 20 t

Con la apariencia de un **cocodrilo** gigantesco, este dinosaurio acuático asolaba los océanos del cretácico alimentándose de todo tipo de **peces**, tortugas e incluso... ¡mosasaurios más pequeños! ¡Era **caníbal**!

El mosasaurio estaba diseñado para nadar. Las **aletas**, con forma de remo, tenían sin embargo cinco dedos (las delanteras) y cuatro dedos (las traseras)... ¿Para qué le servirían?

Primos hermanos

La anatomía de este dinosaurio recuerda a los varanos y las serpientes de hoy en día, pero en versión descomunal. Por no hablar de su dentadura... Se cree que tenían dientes ¡hasta en el paladar!

Curiosidades

Descubrimiento

El nombre de mosasaurio se debe a que el primer ejemplar encontrado de este dinosaurio fue en el río Mosa, en Holanda. En realidad, encontraron solo su mandíbula y sospecharon que pertenecía a un animal extinto.

Sus aletas: ¡un potente motor!

Poseía cuatro patas con forma de aleta y una cola larga y aplanada que le servía de timón. Podía propulsarse a una velocidad de hasta 50 km/h.

¡Era un animal algo **miope** y sin gran **olfato**!

Mosasaurio

El terror de los mares

Técnicas de pesca

Armado con una mandíbula que podía abrirse muchísimo, su sistema de alimentación era sencillo: el mosasaurio se quedaba acechando en el fondo y cuando veía una presa despistada, subía a toda velocidad con la boca abierta y se la tragaba entera. No puede decirse que fuera un gourmet, ya que no seleccionaba su menú y se comía cualquier animal que encontrara.

Comparación de tamaño

1,50 m

11 m

1,80 m

Su técnica para nadar era aprovechar la fuerza de su cola y optar por un **movimiento ondulatorio**, mientras que las aletas solo le daban **estabilidad**.

Tricerátopo

Súper coraza

Una placa ósea descomunal

Lo más característico de este pacífico dinosaurio era su defensa acorazada de los depredadores. Se cree que la gran placa ósea del cuello de los tricerátopo machos era de colores muy vivos para poder atraer a las hembras. Un animal tan bien armado y protegido por su extraordinaria armadura no necesitaba camuflarse ni pasar desapercibido.

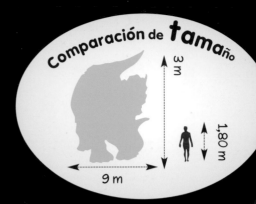

Sólidas columnas

Sus cuatro patas gruesas y firmes como columnas lo sostenían perfectamente después de embestir a su presa.

Los **cuernos** de su *frente* podían llegar a medir **¡un metro!**

¡Los primeros huesos **fósiles** encontrados de un tricerátopo se confundieron con los de un **bisonte**!

Con la piel arrugada como la de un **elefante**, los cuernos y el cuerpo de un **rinoceronte** gigante y un pico parecido al de un **loro** descomunal, el tricerátopo tenía una estampa muy original.

Vivía en manadas y a pesar de su conducta en general tranquila, el tricerátopo tenía su carácter: podía **embestir** de frente con toda la fuerza de su cuerpo a una velocidad de hasta **35 km/h**.

Curiosidades

¡Dientes por doquier!

Su pico arrancaba las hojas y las trituraba con sus muelas. Si se le caía o se le desgastaba un diente, le volvía a crecer otro. Podía llegar a tener a lo largo de su vida hasta 800 dientes.

Nombre científico	*Tyrannosaurus Rex*
Significado	«Lagarto tirano rey»
Periodo	Cretácico
Época	Hace unos 65 millones de años
Localización	Norteamérica
Alimentación	Carnívoro
Medidas	5-6 m de altura y 12-13 m de longitud, con 4-7 t de peso

El **T-Rex**, el dinosaurio más famoso del mundo, era un depredador bípedo de cabeza inmensa y poderosa cola que le servía de contrapeso, que podía correr a una velocidad punta de hasta **65 km/h**.

No solo era rápido en tierra, podría decirse que tenía el **récord mundial** devorando a sus presas a toda velocidad...

Curiosidades

¿Madre amorosa?

Se cree que este monstruo despiadado era capaz de cuidar de sus crías hasta que se hacían lo suficientemente grandes (2 años) como para sobrevivir por sí mismas. De un huevo de T-Rex (que era más o menos del tamaño de un balón de fútbol), salía una cría de unos 30 cm, aunque luego crecía muy deprisa.

La esperanza de vida de un T-Rex era de unos **40 años.**

Contaba con unos **60 dientes** ¡de hasta **20 cm** cada uno!

¡Desproporcionado!

Tenía una cabeza de más de 1 m de longitud, un cuerpo inmenso, una cola larga y puntiaguda, unas pata traseras demasiado grandes y musculosas, y unas patitas delanteras muy pequeñas, rematadas por tan solo dos garr

Tiranosaurio Rex

Sanguinario

Comparación de tamaño

6 m

1,80 m

12 m

El esqueleto de T-Rex **más grande** y **completo** que se ha encontrado tiene el dulce nombre de *Sue* (porque su descubridora se llamaba Susan, la paleontóloga *Susan Hendrickson*).

Contenido

Edición especial para Mundicrom
Es una marca registrada de Libertad S.A.
www.libertadsa.cl

© 2015, Editorial LIBSA
e-mail: libsa@libsa.es
www.libsa.es
ISBN: 978-84-662-3035-3

Imágenes:
Archivo LIBSA
www.shutterstock.com
www.123rf.com
Textos: María Mañeru
Edición/maquetación: Equipo Editorial LIBSA